Wilhelm Schickard

Astroscopium

Wilhelm Schickard

Astroscopium

ISBN/EAN: 9783337815158

Printed in Europe, USA, Canada, Australia, Japan

Cover: Foto ©ninafisch / pixelio.de

More available books at **www.hansebooks.com**

WILHELMI SCHICKARDI,

Linguarum Orientalium, nec non
Matheseos apud Tubingenses
Professoris publici,

ASTROSCO-
PIUM,

Pro facillima Stellarum cognitione excogitatum, & Commentariolo illustratum; Nunc denuò in usum Reipublicariæ locupletius recusum: Accurante

WILHELMO SCHICKARDO
Juniore.

Stutgardiæ & Lipsiæ,
apud JOH. HEREBORD KLOSIUM.
M DC XCIIX.

SERENISSIMO
PRINCIPI AC DOMINO,
DOMINO
FRIDERICO
CAROLO,
DUCI
VVirtembergiæ & Tecciæ,
COMITI
Montisbeligardi,
DYNASTÆ
Heidenhemii &c.
ADMINISTRATORI
&
TUTORI SUPREMO,

HEROI INVICTO,
Magnanimo,
PRINCIPI JUSTO,
PRUDENTI,
*Literarum Fautori
Maximo,*
PATRIÆ ATLANTI
& Subditorum
desiderio,
Domino suo Clementissimo,

Astroscopium hoc locupletius recusum

*Humillimè dicat
& consecrat*

EDITOR.

Serenissime Dux,

Princeps ac Domine
Clementissime,

Quemadmodum Nobilissima Matheseos Scientia, Astronomia, antiquitus summo cum studio fuit exculta, omnique ferè ævo varios, eosque excellentissimos procos sortita:

sic Eadem, propter dignitatem pariter atque jucunditatem, etiam Principes, imò Reges, ipsosq́; Imperatores, in sui amorem rapuit, ut huic studio non tantùm diligentius incubuerint, præstantissimíq́; artifices in ea invaserint; sed etiam, & quod maximè quis miretur, particularibus schematismis docere Stellas ipsimet fuerint aggressi. Unde factum, ut diversis temporibus diversa subinde organa, ut Globi, iíq́; varii, Astrolabia, schematismi, & alia id genus plura, pro faciliori Stellarum cognitione, à peritis

tis essent excogitata. Quoniam verò Globi ad id officium, quô vel maximè fungi debuissent, inepti deprehendebantur, eò quod convexos eorum Asterismos imaginando inverti, cumq́ dextris sinistra permutari oporteret, itaque ii, qui eos cum cavo cœlo conferre satagebant, multa difficultate implicebantur, nec Astrolabiis, ob easdem difficultates, res expedienda erat: diversis temporibus rerum Astronomicarum periti, de alia commodiori ratione, quâ iisdem occurri possit, soliciti, varios modos commenti sunt.

Quapropter, Serenissime Dux, Princeps ac Domine Clementissime, & Patruus meus, VVilhelmus Schickardus, Linguarum Orientalium, nec non Matheseos apud Tubingenses Professor publicus, cum ipsi hæc docendi provincia esset demandata, suas quoque vires in hoc studii genere experiri voluit, ac de peculiari modo, eoque simplicissimo secum meditans, excogitavit præsens Astroscopium, mirâ inventione succinctum, & ad Stellarum cognitionem expeditam facillimum: adeoque ex voto suc-

succesfit negocium, ut, cum literato Orbi, in satis quidem exili forma, sed majus olim confecturus, communicasset, magno non solùm Literatorum, sed & Principum Virorum, applausu illud avidè reciperetur. Et hoc ipsum majori forma, uti promiserat, Autor exhibuisset, nisi tristissimo patriæ paroxismo impeditus, fatisq; præventus fuisset. Cùm verò, post mortem Beati Autoris, nemo esset, qui hocce negocii in se recipéret, multis insuper exemplarium penuriam conquerentibus, majoremque formam dudum desideranrantibus, Parens meus Lucas Schickardus p. m. Serenissimi VVirtembergiæ Ducis Eberhardi III. Gloriosissimæ memoriæ Principis, in Camera Quæstoria Consiliarius, hortatu TrigAe ChArItum VVirtembergicarum Serenissimæ, secundam ejus Editionem felici ausu aggressus, non tantùm majorem in formam id redegit, sed variis insuper Asterismis, ob Chartarum angustiam in priori omissis, nec non novis ad Commentariolum additionibus, notanter locupletavit.

  Hujus verò secundæ Edi-

Editionis exemplaribus, jam annis abhinc aliquot, planè quoque distractis, Editionem hanc Ego novam, dum ipsemet Studiis Mathematicis incumbo, in gratiam Reipub. Literariæ adornare, Vestræq; Serenissimæ Celsitudini *humillima reverentia ac devotione consecrare ideò ausus sum, cùm* Serenitatē Vestram *deliciis Mathematicis non saltem delectari, sed iisdem sæpius occupari liquidò constet.* Permitte igitur, Serenissime Princeps, *ut* Astroscopium hoc locupletius recusum *ad* Serenissimæ Celsitu-

situdinis Vestræ *pedes humillimè deponam: Suscipe Serena id fronte, Clementissimoq; dignare obtutu. Deum autem Ter Optimum, Maximum, ut* Serenissimam Vestram Celsitudinem *superna benedictione undiquaq; prosperet, incolumem servet, sospitet, Consilia divinitus secundet, omniaque Ducalium fortunarum incrementa, nec non Regimen exoptatissimum statumque Patriæ tranquillum, ac totius deniq; Serenissimæ Domus VVirtembergicæ fastigium perenne cœlitus largiatur, supplex adoro, me meaq;*
studia

studia Mathematica, tenuia licet, humillimè commendans,

Serenissimæ Vestræ
Celsitudinis

*Humillima reverentia ac fide
subjectissimus*

Wilhelmus Schickardus,
Junior.

PRÆFATIO NOVA
ad
BENEVOLUM LECTOREM.

✻

PRodit in lucem denuò Astroscopium Schickardianum locupletius recusum, quod cum Autor majori forma olim se exhibiturum in prima ejusdem Editione promisisset, sed fatis esset præventus, tandem Frater Ejus, Lucas Schickardus, p. m. Consf. VVittemb. Linguarum Orientalium juxta ac Matheseos æquè peritus, idipsum, hortatu TrigAe ChArItum VVirtembergicarum Sere-
nissi-

nisſimæ, majus confecit, Literatoque Orbi auctius & locupletius, ut ex Auctario patet, in Anno 1645. communicavit.

Cùm verò iteratæ hujus Editionis exemplaria jam dum eſſent diſtracta, ut vix unum aut alterum, idque rarisſimè, ad conſpectum venerit; ad compenſandam illorum penuriam, utque deſiderio multorum ſatisfiat, nova hæc Editio adornata eſt, Nobiliorum quarundam Stellarum nominibus, quæ in prioribus Chartis deerant, additis, variisque,
quas

quas Chalcographus sculpendo confuderat, magnitudinibus suis restitutis. Prodibunt & reliqua opera Schickardiana, tàm Philologica, quàm Mathematica & alia, ab Hæredibus passim vindicata. Hisce valeat & faveat Lector.

PRÆFATIO
Secundæ Editionis.
LECTORI ASTROPHILO
Salutem!

Edidit Anno Æræ Christianæ M. DC. XXIII. Wilhelmus Schickardus, Professor Tubingæ Clarissimus, Vir Linguarum, potissimum Orientalium, & rerum Mathematicarum longè peritissimus, Germaniæ nostræ lumen & decus singulare, νῦν ἐν ἁγίοις, Astroscopium mirâ inventione succinctum, & ad Stellarum cognitionem expeditam facillimum; in formâ quidem satis exili, quam tamen ipse, nisi tristissimo Patriæ paroxismo impeditus, & morte præmaturâ abreptus fuisset, majorem confecisset, & Literato mundo communicâsset. Multi enim visus debilitate laborantes, nocturno cumprimis tempore, majusculam formam jam dudum optarunt: Alii Stellarum numerum ampliorum desiderârunt: Nonnulli plura ex Sacris Literis nomina Asterismis indi posse censuerunt.

Cùm

Cùm verò neminem hactenus viderimus, qui istud negotii in se reciperet, nobis placuit illud, in gratiam Rei Literariæ, attentare, ut iteratâ hâc nostrâ Editione multorum desiderio satisfaceremus, inopiam Exemplarium suppleremus. Summa quidem votorum fuit, integrum Commentariolum, uti primitus ab Autore editum erat, literis Hebraicis pariter atque Arabicis exornatum, Typis, exscriptum publicare: at quia Typographia nostra novella Hebraicis characteribus caret, & Arabicæ Literæ, injuriâ temporis, interierunt, æquanimus Lector substitutis Literis Latinis acquiescat. Quæ verò à nobis in ASTROSCOPIO addita sunt, coronidis loco indicabitur in fine Commentarioli Schickardiani. Ita vale Lector ASTROPHILE, & Coelestes illos Stellarum exercitus sedulò contemplare, atque occasione Cœli Stellati admirandam Creatoris Majestatem piè nobiscum meditare!

Quod

Uod hoc præ-
senti, omnium
penè studiorum
Majo, sola pro-
pemodū Astro-
nomia sequius floret, in causa
est non Ignaviæ tantùm gelu
quoddam apud aliquos, & fri-
gidius de Mathesi judicium,
sed vel præcipuè (ut mihi quidem videtur) Instrumentorum
penuria, incommoditas, & rectè utendi ignorantia. Cùm
enim hujuscemodi artes Sche-
matum apparatu maximè indigeant, Globus verò, superioris
coeli effigies, mechanicâ neces-
sitate convexus adornetur, fie-
ri non potest, quin multa difficultate implicentur, quicun-
que cum cavo coelo conferre

A sa-

satagunt. Nam quia oculus noster stellas, in interiori cœlorum facie disseminatas, ex domicilio suo, quasi centro universi, contemplatur, sursum intuendo, non verò extra hunc mundum constitutus, deorsum spectat, ideò necesse habet, ut convexos Globorum Asterismos imaginando invertat, cumque dextris sinistra permutet, manente tamen eâdem distantiarum proportione; quod sanè non cujusvis est tyronis, sed & quandoque exercitatis negotii nonnihil facessit. Eapropter huic difficultati medelam adhibiturus ego, pridem commentus sum cavos Globos, trifariàm apertiles, pronis, non supinis imaginibus, insignitos,
&

& nostrum ad obtutum unicè accommodatos, horumq; specimen minusculum ære dudū exsculpsi: quod non literatis tantùm, sed & Principibus placuisse viris, gaudeo. Verùm, ut inventis addere facilius est, subierunt mentem hactenus δεύτεραι Φροντίδες meliores, quâ nimirum ratione multò compendiosius ad eundem scopum pervenire, atque stellas ex simplicissima charta, leviter tantùm convoluta, promtius dignoscere liceat. Quamvis enim illa prior inventio rotunditati cœlorum verius congruat, quia tamen ejus exemplaria difficilius in orbem conglutinantur, nec ubique peritum artificem reperiunt; istud verò

re-

recentius commentum paratu multò facilius est, & commodius quoque tractatu, illud ipsum meritò priori longè prætuli. Vocavi autem ab usu ἀστροσκόπιον, nomine cum ipsâ re noviter (nec tamen insolenter) enato: inde spero, id assequentur studiosi unicâ nocte, quod antea plurimarum vigiliis ex Globo non valuissent. Cæterùm dignum est hoc studium, in quo generosissimi quique, & præstantissimi, exerceantur. Si olim Abrahamo, Loto & Amos astra contemplari libuit; si Divum Paulum non piguit Astronomica Solensis Arati Phænomena, quantumvis Gentilitium um fabularum plenissima, lectitasse; si Alphonsum, Hispaniæ

Re-

Regem, hæc cura non puduit; si noſtra ætate Illuſtriſſimos Haſſiæ Landgravios, nobiliſſimos Tychones, hæc occupatio non dedecet, quânam id fronte probri loco habebunt ignava quædam pecora, & indigna, quibus fruſtra Deus os ſublime dederit, arrectosque ad ſidera vultus finxerit, ut cœlum intueantur? Nempe non ita quæſtuoſum eſt, aut pompoſum, ut aliquæ artes hodiernæ, queîs avidius vulgo inhiant, brutorum more ſemper proni in terram incumbentes, ne ſcilicet cœleſtium ſplendor oculos obfuſcet. Quod apud cæteros veniam meretur, eos verò, qui ex Ephemeridibus, lucri cauſa, Geneſes & Calendaria conſar-

A 3 ci-

cinant, inexcusabile & turpissimum est, non posse in cœlo vel famosum illud caput, Algol, monstrare, ex cujus tamen positu tot dira mortalibus, tàm tragico vultu, minantur & ominantur. Quâ in re ipsos antecellunt opiliones, aurigæ, tabellarii, nautæ, qui, quòd multū sub dio versantur, plerumq; Caniculam, Plejades, utrumq; Plaustrum, & exinde noctis horam exactius sciunt, quàm hæ talpæ. Quantò laudabilius olim perspicacissimus ille Hipparchus, qui, postquam sidus ævo suo genitum deprehendisset, ausus est rem (ut Plinius ait, *lib. 2. cap. 26.*) etiam Deo improbam, annumerare posteris, stellas ac sidera ad normam

mam expangere, organis excogitatis, per quæ singulorum loca atque magnitudines signaret, ut facilè discerni posset ex eo, non modò an obirent nascerenturque, sed omninò aliqua crescerent minuerenturque, cœlo in hæreditatem cunctis relicto, si quisquam, qui rationem eam caperet, inventus esset. Hujus industriam nos æmulari decet, qui supra rusticos sapere volumus, stellasque in numerato habere, ne quid nobis insciis inter astra contingere possit. Quis magis in Oriente Natalitii sideris novitatem persuasisset, nisi veteres jam probè internovissent? Et quotusquisq; est inter nos, qui prodigiosæ illius in pectore Cygni,

Cygni, hodiè viginti tres annos natæ ſtellulæ, interitum animadvertat ? quæ cum Anno 1600. primùm exoriretur, tertiæ magnitudinis ſocios æquiparabat, nunc mihi vix ſexti honoris eſſe cenſetur; & quandoquidem illæ diametro ſuo minutum integrum, hæ verò tertiam ejus partem ſubtendunt, jam, ratione totius corpulentiæ, ter - ter - ter decreviſſe, hoc eſt, viceſies ſepties minor facta eſſe, concluditur, adeóque ad totalem extinctionem properare. Quod ſanè miraculoſum & ruentis mundi præſagum DEI opus, conſideratione omninò digniſſimum eſt, nec ita negligi deceret. At, per ſupinos contemplatores

res hodiernos, non ista tantùm evanescere, sed vel fulgidissimus Orion è cœlo se subducere, adeoque, ipsis neutiquam sentientibus, mundi pars aliqua interire posset. Id ne citra nostram animadversionem contingat, sed ut astrorum notitia studiosis quàm facillima & simplicissima fiat, placuit hujus Astroscopii minusculum nunc specimen in vulgus dare, & cum illis, â quibus multipliciter rogatus sum, liberaliter communicare: ut aliquando etiam, postquàm doctorum & artis peritorum hominum (quibus totum reverenter subjicio) censuras atque emendationes collegero, majori forma ornatius edere pos-

possim. Interim, nè sic nudum prodire vereatur, placuit breviſſimo iſthoc commentariolo veſtitum in lucem emittere: qui & in genere aliquid de ſtellis moneat, & in ſpecie de hujus inventi ratione, ſcopo & uſu, Lectores edoceat.

1. Stellarum notitia quaſi Alphabetum eſt Aſtronomiæ, quod, hiſce ſacris initiatus, primò omnium tenere debet. Itaque præpoſteri ſunt, qui, poſtquàm multa de motibus garrire didicerunt, nondum tamen vel gry quidem internoſcunt, quando ſub cœlum in rem præſentem evocantur.

2. Non autem omnia ſtellæ ſunt, quæ tales putantur. Ap-
pa-

parent enim interdum spuriæ faces, velociter discurrentes, quas nominetenus tantùm, & à specie, cadentes stellas vocant, cùm tamen reverà non sint, neque ulla in cœlo seorsim tali repentino motu cieatur, locumve mutet. Exuenda igitur est opinio vulgi, quòd cadant, vago motu ferantur, aut omninò pereant; atque hoc totum Meteorologis relinquendum.

3. Verarum quidem aliquæ ♄ ♃ ♂ ♀ ☿ peculiari, vario, & (ut tyronibus quidem videtur) inordinato motu incedunt, unde etiam Planetæ vel Errones appellantur, ob id ipsum in schemate non appicti. At paucæ sunt, & mundo coævæ, ac
fa-

facilè dignoscuntur, ut infra dicam. Nunc mihi præcipuè res erit cum Fixis.

4. Illæ hærent omnes in uno & extremo mundi pariete, qui sic concipiendus est imaginatione, totum hoc universum sphæricè ambire. Fortè tamen una profundius in cœlū ascendit, quàm altera. Existimat enim Tycho Brahe, *progymn. Tom. 1. pag. 483.* consentaneum esse, ut aliquæ secundi status reverà æquiparentur stellis primi ordinis, vel tertianæ secundanis, at, propter majorem à nobis distantiam, opticè minores appareant. Nec tamen admittit tàm amplam cœli vastitatem, ut ulla sextæ, propter solam elongationem, toties minor

Astroscopium.

nor quadat prima. Posceret enim id intervallum undecuplo longius, quod omnem fidem excedit.

5. Servant autem omnibus seculis eadem semper interstitia. Quas enim Ptolemæus *l. 7. Almagesti Propos. 1.* trecentis fere annis post Abrachin (h. e. Hipparchum) in unâ lineâ rectâ constitutas reperit, easdem & nos etiamnum hodie, totis 14. seculis serius, in eâdem lineâ invariabiliter dispositas cernimus, nempè Capellam, sinistrum pedem Erichthonii & Aldebaram: Item eandem Capellam cum Aurigæ dextro pede, & Orionis humero sinistro propemodum. Aliasq; plures, quas

quas apud Tychonem quoque p. 235. invenies.

6. Progrediuntur unà simul omnes, quemadmodum eadem navis diverſas merces vehit, ſuis tamen locis repoſitas, nec collidit. Niſi quòd circumpolares tardius volvuntur, perinde ut in plauſtro lutum propè axem rotæ lentius circumagitur, quàm quod extremo limbo adhæret. Quò propior aliqua polis eſt, eò minori ambitu circuit, adeò ut ſi qua in ipſo polo conſiſteret, gyraretur tantùm intra metas ſui corporis, nec loco excederet. Rotantur autē ab Ortu in Occaſum & abſolvitur una periodus XXIIII. horis: Niſi fortè totum hoc oculo, in contrarias partes ob-

obvianti, tantùm ita videatur: quam litem jam non facio meam.

7. Respectu Horizontis nostri, sunt in triplici differentia. 1. quædam semper apparent, nec unquam merguntur; nempe Septentrionales, quæ Plaustrum proximè circumstant. 2. aliquæ semper latent, nunquam emergunt; nempe Meridionales, quas recentium nautarum solertia nobis indagavit. 3. reliquæ per vices oriuntur & occidunt, scilicet intermediæ omnes. Causas hujus varietatis ex circumgyratione Globi facilè deprehendes.

8. Quod ad multitudinem attinet, sunt penè innnumerabi-

biles, non tamen infinitæ. Et multas detexit hodie Telescopium, quas prisca secula ignorabant. In uno Orionis capite monstravit ultra vicenas, & quod plus est, in uno Præsepi (quo nomine nebulosa Cancri appellatur) supra quadragenas. Nec desunt lyncei quidam, qui nudis oculis quatuordecim Plejades numerant, & quinquagenas in Orionis clypeo; quot putas cum vitreis reperirent? Oportuit sanè Abrahamum visu præ nobis polluisse, qui, Creatore Deo monstrante, tot stellas vidit, in quot capita posteritas ipsius multiplicata fuit. Judæorum enim nunc multò plures sunt, quàm nos fortè, vel cum perspicillis,
<u>astra</u>

astra cerneremus. Ex universo autem illarum exercitu paucæ seliguntur, & grandiores coeteris, & visu notabiles, minoribus neglectis. Harum Ptolemæus millenas viginti duas recensuit; Plinius MDC. Hebræorum Rabini XII. millia in universum numerant; Cabalistæ verò 29000. myriades, quod nimium est, neque enim plures 26712. myriadibus recipere posset tota coelorum area, nè quidem, si contiguè omnes cohærerent, aut singulæ tertiã minuti partem occuparent.

9. Ipsa Galaxias nihil aliud est, quàm congeries minutissimarum stellularum, contiguè collucentium, quas eadem Arundo Dioptrica noviter detexit.

Astroscopium.

latitudinis, tùm denſitatis, terminos ejus accuratè notavit Ptolemæus. *pr. 1. lib. 8. Almag.*

10. Porrò variè diſcernuntur à ſe invicem tot ſtellæ, quantitate, coloribus, ſcintillatione, præcipuè verò ſitu & configurationibus; de quibus nunc ſigillatim.

11. Ratione quantitatis diſtribuuntur in ſex Magnitudines, quaſi claſſes; nimirum illæ tantùm, quas communiter videmus. Nam cæteræ minutiores, quas Tubus opticus manifeſtat, ſimiliter gradibus magnitudinum differunt, ut infra decimas deſcendere poſſemus. Primæ magnitudinis numerantur 15. ſed harum 12. tantùm
no-

texit. Rectè igitur olim Democritus definivit: πολλῶν ἀςέρων συνεχῶν ϗαὶ συμφωτιζομένων συναυγασμόν. Malè verò eundem ob id reprehendit Aristoteles, perpetuum hunc & mundo coævum circulum perperàm pro meteoro venditans, *lib. 1. cap. 8.* nescio quâ fallaci conjecturâ deceptus sagacissimus alioquin Philosophus. Multò ineptius eandem Viam lacteam priscus ille Theophrastus pro commissura cœlorum habuit, quasi compages mundi, per illam albuginem, cohæreret, ut bini asseres glutine ferruminati. Habet autem Galaxias quandam quasi Insulam, quæ à Cygno ad Scorpium usque protenditur: & est admodùm inæqualis, tùm lanobis conspicuæ sunt ; secundæ 45. tertiæ 208. quartæ 474. quintæ 216. sextæ 50. Imò multò plures, neque enim omnes in catalogum receperunt, quas aliqua nox serena, præcipuè brumalis, ostendit.

12. Apparentes illarum diametros mensus est oculatissimus ille Tycho Braheus, & *pag. 481. Tom. 1. progym.* prodidit, primæ classis sidus subtendere duo circiter minuta; secundi honoris sesquialterum, tertii unum, quarti $\frac{3}{4}$; quinti dimidium, sexti XX. secunda.

①②③④⑤⑥ Unde talis ipsorum proportio surgeret, qualē appinxi. Subdubito tamē, an hoc ipsum satis

satis præcisè determinarit, non tàm quòd illæ, quæ unius magnitudinis esse censentur, notabiliter sæpè differunt, (v. g. Sirius & Lyra Regulo & Spica majores sunt) quàm quia singulorum oculorum singularis & diversissima est in tam subtili quantitate æstimatio. Mihi sanè lusciolo & diversoculo per dextrum latiores apparent, per sinistrum exiliores, quod retiformis tunica ibi attractior sit, hic profundior; per utrumque tamen omnes duplum ferè superioris mensuræ subtendunt. At per conspicilia intuenti, aliquantò angustiores cernuntur, per Tubum eò minores, quò is melior est & major, per optimū, prorsus ut atomi vel puncta.

13. Ve-

13. *Veras singularum magnitudines verè ignoramus*, easque, ex tanto intervallo, tàm accuratè scire velle, præsumtio est & temeritas. Quod enim Tycho ibidem primas 68. secundanas 28. tertianas 11. quartanas $3\frac{1}{2}$. vicibus, quintanas semel terreno Globo majores, sextanas verò eodem ter ferè minores æstimavit; Alfraganus verò maximas 107. proximas 90. succedentes 72. sequentes 54. posteriores 36. minimas 18. terras nostrates æquiparare censuit, id omne ex hypothesi dictum fuisse, cogitandum est, si nimirum tanta vel tanta octavæ Sphæræ assumatur distantia; ex quâ diversitate totum illud variatur: siquidem Opti-
co-

corum consensu quodlibet visibile, quò longius distat, eò minus apparet. Sunt tamen eorum speculationes, qui cœlum stellatum quàm longissimè à nobis removent, & consequenter astra plurimùm amplificant, veritati propiores: quoniam minora neutiquam admittit, semel concessâ orbis annui parallaxis.

14. *Coloris* quædam sunt rutili, aliæ albicantis, nonnullæ pallidi, quæ varietas ex avtopsiâ rectius discitur, quàm operosiori descriptione.

15. Inde æstimantur *ipsorum naturæ, & accensentur, quæ liventes sunt Saturno, quæ claræ, Jovi, ferrugineæ Marti, flavæ Soli, buxeæ Veneri, cineritiæ Mer-*
cu-

curio, pallidæ Lunæ; ut quilibet Planeta, tanquam dux, in exercitu stellarum suos veluti subditos, coloris sui æmulos, habeat. Nisi quod plerique propter dubium, ex binis quasi commixtum colorem, duobus simul accensentur: quod totum hâc brevi tabellâ compendiosè ob oculos statuere placuit. ♄ Propus, venter piscis Austrini, item venter & cauda Ceti. ♄ ♃ dexter humerus Cephei, sinister pes, totumque cingulum Orionis. ♄ ♂ prima Arietis, rostrum Corvi, caput Ophiuchi. ♀ ♄ polaris, capita Draconis & Medusæ, pectora Cassiopeæ & Hydræ, latus Persei, Prævindemiatrix, tergum & cauda Leonis. ♄ ♀ sinister humemerus Bootis, venter Leporis, Lanx Borea. ♃ nodus Piscium, ♃♂ Arcturus, Aquila, crus Pegasi, Regulus, Sirius, cor Scorpij. ♃♀ caput Andromedæ, crus Aquarij, Acharnar. ♃☿ os & humerus Pegasi, Lanx Austrina. ♂ omnes equi & rotæ Plaustri. Aldebaran cum Hyadibus, Pollux. ♂☉ Aselli, oculus Sagittarij. ♂♀ Spica. ♂☿ caput Herculis, Capella cum hœdis, uterque humerus Orionis. ♂☽ Plejades & Præsepe. ♀ umbilicus Andromedæ. ♀☿ ejusdem scapula, Lyra, Gnosia, rostrum & cauda Cygni, Crater, Fomahant. ☿ Procyon.

26. Omnes ferè *scintillant*, inæqualiter tamen, quædam plus, aliæ minus; imò eædem
di-

diversis temporibus diversimodè: flante Euro plurimùm, tranquilla nocte languidius. Quod mihi argumento est, hoc pathos non in illorum corporibus hærere, nec ipsasmet stellas tàm varium fulgorem ebullire quasi, aut eructare, ut nonnulli voluerunt: sed universum hoc opticè tantùm accidere, & ab inæquabili semper fluctuantis aëris superficie oriri. Quemadmodum enim lapilli, per crispulas undas visi, tremere putantur, quòd rapidè decurrens aqua subinde curvatur, cùm ipsi tamen interim in rivi fundo reverâ jaceant immoti: sic stellæ, per agitatum aërem spectatæ, lumen suum continuè vibrant, præsertim hiberno no tempore, quando ab humilioris aëris superficie propius absumus, proinde variationum angulos celeriter mutatos evidentius sentimus.

17. Nascuntur aliquando novæ in ipso cœlo. Et frustra contradicunt Peripatetici, ubi experientiam habemus, luculentis rationibus Geometricis suffultam. Meminerunt patres nostri portentosæ illius in Cassiopeâ, An. 1572. exortæ. Vidimus ipsi novam in pede Serpentarii, Anno 1604. enatam, & durat etiamnum hodie illa, de quâ in præfatione dixi, proximè pectus Cygni hærens, sed minutula jam, & quasi ad interitum vergens, nec, nisi diligenter intuentibus, observabilis; ut

aliquando prorsus extinctam putarim, donec serenior nox iterum in conspectum reduxisset. Habeo tamen inter Astronomos, nostri seculi primarios, aliquem, qui diversum sentit, & hoc nomine consultus, nuperis ad me literis dudum amissam, adeoque post Annum 1613. sibi non amplius visam respondit. Credo non visam, quia & ipse lusciosus est, atque oculos suos in hoc studium bono publico dudum prodegit: nisi forte suo, id est, amico more, jocatus, ad attentiorem contemplationem hoc stratagemate me exstimulatum voluit. Hoc sanè scio, memoriam meam, in tàm familiarissimâ sibi stellâ, non hallucinari: & te-

testabuntur tot studiosi, quibus aliquot jam brumis decrescentem monstravi, proximâ retrò hieme diminutam quidem, sed tamen adhuc evidentiorem, quàm nunc, comparuisse. Provoco etiam ad minimè caligantes oculos communis nostri Præceptoris, Dni. Mæstlini, incomparabilis Mathematici, Tychonis quoque judicio coævis omnibus multùm præferendi. Sicut autem hæc stella serius, post creationem cæterarum, & nostrâ demum ætate, cœpit ; ità quoque mox, & ante universalem mundi interitum, desitura videtur. Unde & in ipsissimo cœlo aliquid generari & corrumpi posse, adversus Aristotelem patet. Simul lis illa
quo-

quorundam, an verè nova, vel antea fortè neglecta tantùm fuerit, ab eventu & posteriori decidetur. Quòd autem antiquitus, ante Constantinopoleos amissionem, in ipso polo stella quæpiam constiterit, & postea disparuerit, (ut Italus quidam apud Tychonem *pag. 743.* nugatur) id manifestè fabulosum est, & contra fidem veterum Globorum, contraq; experientiam nautarum. Similiter & illud Poëticum, quòd septima Plejadum Electra, cæteris quidem, ante excidium Trojæ, lucidior extiterit, post verò evanuerit. Cernitur enim etiamnum, licet reliquis minor. Unde, quasi ob Trojæ ruinam mœsta, sub vicino Cancri

Tro-

Tropico, se abscondisse fingitur à Poëtis.

18. Porrò, *Situs* stellarum consideratur dupliciter, ratione *Longitudinis* nimirum & *Latitudinis*. Illa numeratur ab Occasu in Ortum, juxta seriem signorum Zodiaci, à puncto Æquinoctii verni, præcipuo totius cœli loco: vel, quoniam illud vagum est, ex Copernici mente rectius à primâ stellâ Arietis: Hæc verò à Meridie in Septentrionem, & altrinsecus quoque ab eodem initio versus polum Australem. Hîc verò magnas meritò debemus grates nobilissimo Tychoni Brahe, qui tot noctium indefessis vigiliis, & incredibili sumtu, nobis restituit atque correxit

Ca-

Catalogum Fixarum, quem veterum obfervatorum organa rudiora minus accuratè olim condiderant, & librariorum incuria plus etiam hactenus depravârat. Subirrepfit, tamen in oculatiffimi hominis abacum, procul dubio Amanuenfis vel Typographi vitio, erratulum quòddam, dum lucidam caudæ Ceti, denis gradibus, jufto anteriorem fecit, quod pridem ex avtopfiâ deprehenfum, moneo ut corrigatur. Supplevit etiam aliquas in Serpentario Cl. Dn. Keplerus, *libro de nov. ſtell.* Anno *1604.* difertè fimul indicans, illas, quæ in dextro pede fint, non Boream, fed Auftralem habere latitudinem. Quod à Cl. Habrech-

Astroscopium.

brechto, in nuperâ editione Globi sui, cæteroquin elegantissimi, neglectum esse miror.

19. *Ordinis* & memoriæ causa, distribuitur universus stellarum exercitus in aliquot *Imagines, vel Asterismos,* ut nempe tanta earum multitudo, in certas quasi classes redacta, eò facilius discerni possit, & singulæ sigillatim à suis membris denominari. Variant autem Autores in numero Imaginum. Ptolemæus 48. ponit, scilicet XXI. in Boreâ, XV. in Austro, XII. in intermedio Zodiaco, quas, mnemonicis versibus inclusas, alibi passim reperies: Aratus & prisci pauciores, quia Serpentem cum Ophiucho conjungunt, item Equuleum &
Libram

Libram prætermittunt: contrà posteri plures, quoniam Berenices comam & Antinoum assumserunt. Quomodo autem Plinius LXXII. signa numeret, equidem ignoro, fortè aliqua, quæ nos primariis adjungimus, ipse separatim computavit; ut caput Medusæ, Spicam Virginis, Præsepe, Asellos, Capellam, Hœdos, Terebellum &c. Item Castorem & Pollucem, vel utrumque Piscem seorsim. Nam hæ VII. imagines, Camelopardalis, Jordanus, Tigris Vespa, Monoceros, Gallus & Columba, quas recentior ætas hemisphærio nostro inseruit, ignotæ tunc erant. Sunt & reliquæ XVI. in opposito cœlo Antipodum, circa polum Meridioridionalem, nuper demum à Lusitanis additæ, scilicet Indus, Phœnix, Grus, Pavo, Chamæleon, Apus, Musca, Passer, vel piscis volans, Crux, Trigonus, Rhombus, Dorado piscis, Hydrus, Toucan anser, & binæ tandem Nubeculæ. Extra hæc tot simulachra, supersunt passim aliquæ stellæ σποράδες vel ἄμορφωτοι, quæ in nullam figuram redigi commodè potuerunt; ea propter nominibus carent, at à vicinis imaginibus memorandæ sunt.

20. Quinam primi harum Imaginum *Autores* fuerint, id ex tantâ vetustate nescitur quidem hodie: verisimile tamen, quòd duplex hominum genus nomina stellis indiderit. 1. in

mediterraneis locis Agricolæ, quod rustica suppellex, scilicet utrumque Plaustrum, cum auriga & equis, produnt; item Spica triticea, & villicorum animalia, ut Capella, Taurus, Aries, ambo Canes, &c. satis arguunt. 2. in maritimis Nautæ: ut ex Ceto, Navi, Piscibusque apparet.   Tandem verò eruditi perfecerunt, & in artis formam redegerunt.

21. Causas, cur istæ imagines in cœlum receptæ sint, opinor fuisse potissimùm tres, Similitudinem, Efficaciam, Immortalitatem; quarum prima est Mathematica, sequens Physica, tertia Historica. Quod Similitudinē attinet, deprehenderunt Autores alicubi manife-

festam ejusmodi configurationem, ut in Coronâ, cujus stellæ in semicirculum evidenter disponuntur; ut & spondyli in caudâ Scorpionis. Item in Cygno, cujus anterior stella rostrum, media pectus, collaterales alas, postrema caudam non ineptè repræsentat. Vel in Orione, qui duabus supremis binos quasi humeros, tribus mediis quodammodo cingulum, infimis verò pedes alicujus viri exprimere videtur. Alibi qualemcunq; schematismum imaginati sunt, ut in Sagittario, cujus stellæ quidvis aliud potius, quàm ejusmodi arcitenentem efformant. Unde tot monstrosæ imagines introductæ sunt, ut Capricornus ex capro

&

& pisce, Centaurus ex homine & equo compositus. Aliquæ etiam mutilatæ, ut Taurus, Argo, Pegasus, Equuleus. Sæpenumero quoque Analogiam venati esse videntur. e. g. Cancrum reposuisse, unde Sol altissimus retrogreditur : Libram, ubi quasi in æquilibrio pendens, noctem diei æquat: Leonem, calidissimam bestiam, ubi æstus est maximus : Aquarium, ubi copiosis imbribus pluit: Canem, ubi hæc animalia in rabiem aguntur: vel Canes & Leporem eâ cœli plaga pinxisse, quâ super silvas orirentur : aut Navem efformasse, cujus carina nunquam tota supra Horizontem, velut ex undarum fluctibus, emergeret.

22. Dein-

22. Deinde, quod Efficaciam concernit, ajunt quidem Astrologastri, posse aliquid hasce imagines in nativitatum momentis. v. g. quibus Hercules ascendat, hos fore audaces: queîs Erichthonius, hos aurigas: quibus Canis, hosce minaces & iracundos, queîs Lepus, hos timidos & veloces: cui Aries horoscopum obsideat, hunc futurum esse opilionem: cui Taurus, bubulcum: cui Spica, rusticum, & si quid plus est ejusmodi nugacium superstitionum. Itaque prorsus divinâ & fatidicâ arte in hasce, nec alias imagines, cœlum à peritis Genethliacis olim distributum fuisse. Verùm ego cum saniore & moderatissimo Tycho-

chone, *pag. 311.* sentio, *figuris hisce nihil inesse energiæ, nisi fortè per accidens paucis quibusdam, è situ ipsarumq́; stellarum naturâ potius, quàm ex imagine ipsâ, quæ planè arbitraria fuit : Quicquid tandem hîc Matæologi nugentur, cœlum, ob id, mendaciis obnoxium non est, etsi terra iis hominum culpâ scateat.*

23. Tertiò, multorum hominum imagines in cœlum ideò receptæ sunt, ut illorum res fortiter gestæ immortalitati consecrarentur, nec, quamdiu cœlum rotatur, ulla oblivione delerentur unquam. Sic v.g. Hercules, ob duodecim labores, inter astra relatus est. Et sanè durat ejusmodi heroum fama isthac ratione diutius, quàm

quàm si facinora ipsorũ membranis inscripta, vel ære exsculpta fuissent, quia senium etiam saxis tandem marmoribusque venit. At multùm hìc vanitatis, nonnihil etiam adulationis, subest, dum v.g. Conon, Berenices capillos, pro mariti salute Veneri devotos, & è templo subductos, confinxit in cœlum evectos esse, & inter Ursam atque Virginem receptos, ut sui Regis, Ptolemæi Evergetis, gratiam aucuparetur: Vel Poëtæ Andromedam, Cephei, Æthiopum Regis & Cassiopeæ filiam, monstro marino expositam esse tradunt, tandem à sponso Perseo liberatam. Unde tota hæc familia, æternæ laudis gratia, in cœlos subvecta fuerit.

24. Quo-

24. Quoniam ergo ista, multis pudendis fabulis involuta, nil nisi Ethnicismum sapiunt, optarem, ut ea Christianus aliquis refingeret, & in sacras imagines transformaret: quod non tantùm divinæ legi conforme esse, quæ Deastrorum nomina reticere & abolere jubet, *Exod. 23, 13.* sed & factu facillimum. *Qui enim gentilibus Perseus erat, cum capite Medusæ, is nobis Davides, cum capite Goliathi, manente astrorum dispositione prorsus eadem, mutato saltem nomine. Sic illorum Hercules cum clavâ, facilè permutaretur in nostrum Samsonem cum maxillâ: Æsculapius cum Serpente, in naufragum Paulum cum viperâ, manibus implicitâ.* Ursæ essent mihi,

hi, non quæ Jovem in antro nutrivit, aut quam ab eodem casto Jove compressam, Diana sic transformavit, sed quæ pueros quadraginta duos devorasse legitur. Quorsum enim rancidas illas, & dudum ad orcum damnatas revocarem fabulas? quas scire nulla laus est, ignorare verò pietas etiam.

25. At inquiunt earum Patroni: res ipsæ pridem, per Dei gratiam, nobiscum antiquatæ sunt, retineamus nuda saltem nomina, quemadmodum & dies septimanæ à ♄♃♂. citra superstitionem, in media Ecclesia denominamus. Postulat id doctrinæ modus, quando jam ubivis gentium, & apud Judæos quoque, recepta sunt hæc voca-

cabula, velut artis termini, sine quibus ea feliciter tradi nequit. Quis tàm inveterata innovare, sine levitatis suspicione, ausit? privatoque nisu immutare, quod publico, omnium Astronomorum, consensu roboratum. Maximè, quia incertum est, an in pejus sit reformaturus. Et, ut afferat meliora, verendum tamen, ne æquè absurdus veniat, ac illi, qui Calendarium Gregorianum nobis obtruserunt. Differenda hæc lis est in Comitia Mathematicorum, quando simul de certo Longitudinis locorum initio decernent, quod ad proximas fiet Kl. Græcas, in ☍ ☉ ☿.

26. Respondeo, non propterea necesse est, ut artis fundamen-

menta evertantur, neque concedendum, ut quisquam pro libidine isthæc refingat. Sed hoc saltem indulgeant, ut v. g. qui Gemini antea Castor & Pollux, vel Hercules & Apollo, vel Triptolemus & Jasion, vel Zethus & Amphion erant (neque enim ipsi satis inter se concordant) posthac mihi sint Esau & Jacobus: qui Aries Poëtis est cum aureo vellere, mihi sit ille Abrahami, pro Isaaco mactatus, vel alter Danielis: quæ Virgo ipsis Ceres vel Astræa, nobis Maria: quod Præsepe Cancri, nobis potius Infantis Christi: qui Cetus Neptuni, nobis Jonæ: qui pisces Cupidinis, nobis illius pueri, unde Salvator ultra 5000. viros
mi-

miraculosa benedictione cibavit: qui Leo Arcadius aut Junonis, nobis de tribu Juda, vel è specu Danielis: qui Corvus Apollinis, nobis Eliæ, vel Noachi: qui Canis Actæonis, nobis Tobiæ: quæ Coma Berenices, nobis Samsonis, aut Absolomi: quod △ triangulum fictitii Διὸς litera initialis, id nobis S. S. Triunitatis character, &c. Ita manerent imagines, abolerentur saltem nugæ; retineremus usum, abusum tolleremus.

27. Eandem sibi libertatem usurparunt alii: cur ergò nos in has imagines juraremus? Certum est, quòd aliqui *Arabes Globos suos aliter pingant*, & pro humanis imaginibus ferinas ferè supponant. Pro Dracone no-

Astroscopium.

noftro ipfi fingunt duos lupos & quinque dromedarios : pro Cepheo paftorem cum cane & ovibus : pro Boote moloffum latrantem : (Turcæ verò fagittiferum) pro Andromeda vitulum marinum : pro Caffiopea cervam : pro Erichthonio mulū clitellatum : pro Ophiucho gruem vel ciconiam cum ferpente. Hebræi pro plerisque imaginibus literas Alphabethi fui : Chaldæi pro boreo pifce hirundinem : Ipfi Græci & Latini olim *multos afterifmos aliter figurabant.* Thales Milefius pro Urfa minore Canem formabat, quē & caudæ longitudo poftulat, & ipfum nomen Cynofura, quafi κυνὸσ ὂρὰ, manifeftè prodit. Plauftrum olim feptem
terio-

teriones, seu boves, erant: unde plaga illa etiamnum Septentrio denominatur. Qui nunc Hercules est, olim anonymus erat, ideò dictus ἐγγόνασι vel ingeniculus, quasi ἐν γόνασιν, hoc est, genibus (rectius tamen uni tantùm) innixus. Quidam Lycaonem dixerunt, Diis pro restitutione filiæ supplicantem; alii Promethea, Caucaso alligatum, & rursus alii miserum Ixiona brachiis revinctum: Plerique Alcidem, quorum sententia multitudine tandem obtinuit. Nec Libram agnovit vetustas, quando tota Scorpioni accensebatur. Unde hunc Aratus μέγα θηρίον vocavit, illa verò Chelarum nomen etiamnum retinet: fuit demùm Julii

lii Cæsaris tempore, in gratiam Imperatoris, inserta; contractis m brachiis. Equulei stellæ, sicut & Antinoi, olim informes erant: & hæ, Adriani Imperatoris jussu, demum formatæ. Is ipse Antinous aliis Ganymedes est, de unguibus Aquilæ suspensus; alii Aquilam sic statuunt, ut Telum pedibus teneat. Telum nautis est temo, quibusdam calamus seu arundo. Deltoton Hispanis Sicilia; Ægyptiis verò quædam triangularis Insula Nili sui. Lyram aliqui cornutam pingunt, cum jugo, nervis, pectine & verticillis; alii testudinem vel Cytharam, cæteri ejus loco Vulturem cadentem. Hydra non uno, sed multis capitibus, olim fingebatur,

tur, nec malè quidem ex illorum gentilium Theologiâ. Pegasus etiam cum ephippio, loco alarum. Aries circulo cingebatur. Taurus Plinio & Vitruvio integer erat, in ejusque caudâ Plejades locabantur. Alicubi etiam manipulus frugum, loco Comæ Berenices, visitur. Pro Corona Gnosia quidam corollam vel sertum nectunt, ex floribus & hederæ baccis, cum intermixtis corymbis, & circumfluentibus fasciis; alii malunt vetus diadema: nonnulli oculum substituunt. Pro altera Corona Meridionali, sunt qui globulum; item qui rotam Ixionis reponunt. Variant quoque in Orionis scuto, quod aliis est
pannus,

pannus, aliis corium bovis, aliis exuviæ leonis. Erichthonio pedes anguinos tribuit Ovidius; alii flagellum cum stimulo, habenas alii. Taceo leviores varietates, ut quòd Booti nunc venabulum & canes venaticos, mox clavam seu colorobum, rursus hastam, aliquando pastorale pedum, sæpè etiam falcem, adjungunt: Herculi ramos pomorum vel cotoneorum. Draconi pedes ad pectus: Perseo talaria, gladium aut falcem: Geminis ocreas, torulos in pileis; vel uni plectrum & lyram, alteri scutum cum harpâ: Cancro caudam curvam, ut habent fluviatiles; vel nullam, ut sunt marini: Virgini spicam, alicubi
stro-

strophiolum vel olivam : item alas & caduceum : Sagittario linteum vel vexillum : Aquario etiam duplex aquæ effluvium. Sed multa horum perperam. At quis omnes variationes recenseret? Unicam addo, quæ ad meum gustum est. *Ex Cygno rustici & opiliones efformant Crucem Salvatoris*, quam configurationem pulchrè ornavit Nova, repræsentando inclinatum quasi caput morientis Christi ; præsertim quando crux stabat erecta in plagâ Occidentali. Nonnulli etiam ex quadrangulo, quod est inter Pegasum & Andromedam, Crucem effingunt ; sed non ita concinnè.

28. Superest, ut *de Nominibus stel-*

stellarum aliquid dicam. Ea nos à partibus Asterismorum desumius. v. g. hanc caput Andromedæ, illam cor Leonis, aliam pedem Orionis vocamus, prout quælibet in certo membro sui corporis locatur. Quem in finem imagines potissimum excogitatas esse crediderim. Ubi observandum, quòd sæpè nomen totius constellationis tribuatur individuæ cuidam stellæ, si ea cæteris lucidior sit; quo respectu non tantùm integri asterismi, sed & singularia astra κατ' ἐξοχὴν dicuntur. v. g. Aquila, Lyra, Gnosia, &c. Solent & aliqui eas à serie, quâ in catalogo Ptolemaico recensentur, denominare, v. g. primam Arietis, secundam Cassiopeæ, tertiam Erichthonii, &c. Unde in quibusdam Globis numeri appinguntur. Sed quia hæc ratio intellectu obscurior est, & difficilior quoque memoratu, ideò imitandam non censeo. Præter has vulgares appellationes, meruerunt aliquæ peculiaria quædam & propria nomina, tàm vernacula & Latina, quàm Græca & Hebræa, præsertim verò plurima etiam Arabica, quæ passim in Autoribus vulgatissima sunt, ea propter ordine Alphabethico, secundùm classes suas, mox enumerabo: Id unum protestatus, qnòd tamen prorsus vera non sint. Nam ipsissima vera nomina stellarum, solus earum creator, DEUS, novit, *Psalm. 147. vers. 4.*

29. Ger-

29. Germanicæ nomenclaturæ pauciores sunt, quia hoc studium serius apud nos florere cœpit. Hæ autem præcipuæ, quas ab Idiotis audimus. 1. die Gluckhenne oder Sibengestirn / Plejades, in dorso Tauri: eò quòd una cæteris major Gallinam, reliquæ sex minores, totidem quasi pullos circumstantes, & sub alas congregandos, adumbrant. 2. der Hundsstern / Canicula vel Sirius, in ore Canis majoris. 3. der Jacobsstab / cingulum Orionis, fortè à variegatis virgis Patriarchæ sic dictum, quas ipse miro astu sic decorticasse legitur, *Gen. 30. vers. 37.* Unde & Instrumentum quoddam Geometricum Baculus Jacobi deno-

nominatum esse videtur. 4. die Jacobsstraß oder Milchstraß/ Galaxias, vel Lactea via. 5. Simon / sic nautæ Delphinum vocant, fortè quia simis est naribus. 6. der Wagen/groß und kleine Heer=Wagen/ in utraque Ursâ; quæ notiora sunt, quàm ut prolixiori explicatione indigeant. Hoc unum notetur paradoxum, quod vulgatum est apud rusticos: berde Wägen fahren hinderfich / in cœlo plaustra trahunt equos; in terris equi plaustra.

30. Pergo ad Latinas appellationes. Inter eas non referam, quæ vel à partibus & membris imaginum desumuntur; hoc enim nimis prolixum foret,& per se notum: nec quæ
ori-

originis Græcæ sunt; illæ enim rectius ad sequentem classem reservantur. Sed quas Latii Scriptores Romana civitate donarunt. *Agni* sunt, qui infra dicentur Hœdi. *Anguilla* est anguis Ophiuchi. *Aselli* duo sunt in Cancro, juxta nebulosam: & tres in manu sinistra Bootis. *Auriga* idem, qui Erichthonius. *Avis* etiam Cygnus. *Balæna* Cetus. *Bellatrix* in Orionis humero sinistro. *Bubulc°* aliàs Bootes. *Canicula* in ore Canis majoris. *Capella* sinister humerus Erichthonii. *Castor* Geminorum prior, vel qui Tauro propior est. *Chelæ* lances Libræ. *Cincinnus* Berenices. *Devcalion* Aquarius. *Fidicula* rostrum Lyræ. *Gallina* Cygnus. *Ganymedes* Antinous.

Gnosia margarita Coronæ. *Gorgonis* caput idem, quod Medusæ. *Hermippus* Delphin. *Hircus*, qui modò Capella. *Hœdi* non procul inde, in Erichthonii cubito siniſtro. *Ingeniculus* Hercules, quia geniculatur. *Lælaps* Canis major. *Linum*, quod piſces connectit. *Lyra* lucidior roſtri. *Milvius* iterum Cygnus. *Muſcida* in ore Pegaſi. *Nilus* Eridanus. *Nisus* Hercules. *Nodus* in commiſſura lini. *Olor* Cygnus. *Pan* Capricornus. *Padus* Eridanus. *Palilicium* rutila in oculo Tauri. *Piſtrix* Cetus. *Pollux* Geminorum poſterior, qui vicinior Cancro. *Præſepe* nebuloſa in Cancro. *Prævindemiatrix* in ala dextra Virginis. *Regulus* cor Leonis. *Rota* Ixionis, aliàs

Co-

Corona Meridionalis. *Rutilicum* barbarè dictum, in Herculis Brachio dextro. *Septentrio,* septem stellæ Plaustri. *Seliquastrum,* barbarè, sella Cassiopeæ. *Sicilia* Triangulum. *Sirius* in ore Canis majoris. *Spica* vel arista Virginis. *Succulæ* (perperam Succidæ) quæ oculum Tauri proximè circumstant, & ortu suo succos, hoc est imbres, causantur. *Terebellum* Rhombus in dorso Sagittarii. *Vergiliæ* vel Plejades, septem stellulæ in jubâ Tauri. *Vitulus* Andromeda. *Urna* Crater. *Vultur Cadens* est Lyra. *Volans* verò, ad differentiam, Aquila.

31. Græcorum nominum pleraque etiam Latinè scribuntur, malui tamen, propter Ety-

mologias, si quas habent, seorsim hîc subjicere. Ἀνταρης tyranus, rectius Ἀντάρης, *Antares*, cor Scorpii, stella rutila & violenta. Ἄρκτος Ursa, dicitur & ἅμαξα, currus. Ἀρκτοῦρος *Arcturus*, inter crura Bootis, quasi non procul ab Ursæ caudâ. Ἀρκτοφύλαξ *Arctophylax*, ipse Bootes, quasi custos Ursarum vel pastor. Αἰγόκερως *Ægocerus*, Capricornus, caper cornutus.; Βασιλίσκος *Basiliscus*, vel Regulus, cor Leonis, quippe stella regia. Δελτωτὸν *Deltoton*, Triangulum, à formâ literæ Δ. Ἐνγόνασιν *Engonasi*, Hercules ingeniculatus. Ἡνίοχος *Heniochus*, auriga, qui tenet habenas. Καλαῦροψ vel Κολόρροβος *Colorrobus*, pedum repandum, vel hasta Bootis. Κοτύλη *Cotyla*, vasculum

Aqua-

Aquarii. Κυνοσυρά *Cynosura*, Ursa minor, quia canis caudam habet. Νότιοσ *Notius*, hoc est Austrinus piscis. Ο'φιȣχ۞ *Ophiuchus*, Serpentarius, perperam ὀφιȣλκ۞, neque enim trahit serpentem. Ο'υρανίσκοσ Corona Medionalis. Πληάδεσ *Plejades*, septē stellulæ in dorso Tauri, à multitudine sic dictæ, quasi πλείονεσ. aliàs etiam Ἀτλαντίδεσ *Atlantides.* Πλόκαμ۞, Coma Berenices, aliàs Τείχεσ *quoque* : Προκύων *Procyon* Canis minor, quasi Antecanis, quod ante majorem oriatur. Προΰπȣς *Præpes,* stella, quæ est ante pedem Castoris. Aliquibus etiam Τρόπ۞ dicitur, quòd indicet in proximo adesse Solis conversionem. Προτρυγητὴρ *vel* προτρυγητής Prævindemiator in ala

ala Virginis, quæ ante autumnum oritur. Σταχὺς *Spica* ♍ Σύνδεσμ۞ *Nodus lini.* Ὑδροχεὺσ & ὑδροχό۞ *Aquarius.* Ὑάδες *Hyades*, in capite Tauri, ἀπιὸ τȣ̃ ὕεσθαι, à pluendo, quòd ortu suo largos imbres cieant; vel à Græca litera Υ ypsilon, quam sua dispositione adumbrant. Φάτνη. Præsepe nebulosum in Cancro.

32. Occurrunt & aliqua stellarum nomina in Hebræis voluminibus, nempe *Iob. 38. vers. 31. Esai. 13. v. 10. Amos. 5. vers. 8.* præsertim verò *Iob. 9. v. 9.* ubi omnia quatuor coacervantur, *Asch, Kesil, Kimah, & Chadre-Theman.* de quibus tamen magna est dissensio inter Interpretes. B. Hieronymus vertit *Arcturum, Oriona, Hyadas & interiora Austri:*

at-

atque videtur rem propius tetigisse. Nam R. Abrahamus Aben Ezra, qui solus ferè inter Judæos Commentatores minimè desipit, cumprimis verò Astronomicæ rei peritissimus fuit, in suo Perusch, super locum Amos, ex Etymis ità probabiliter explicat: As CH *est Plaustrum, quod vocatur* URSA (*vel* ἄρκτος) *vicina polo boreo; proinde apparet semper tàm æstate, quàm hieme, in omni climate Septentrionali, & denominatur sic à radice* USCH (*quæ congregare significat*) *quoniam illarum septem sunt, neque ab invicem separantur. at ecce* KESIL *est ex opposito Kimah, neque unica tantùm, sed plures; inter quas etiam cor Scorpii. Sententia majorum nostrorum fuit,*

fuit, quòd KIMAH *sit inter cau-dam Arietis & caput Tauri, nempe sex stellulæ evidentes, quantumvis parvæ*: hoc est Plejades, quæ (juxta versum Ovidii) septem dici, sex tamen esse solent. Existimat autem Rabinus ille, quòd Scriptura per hasce stellas, KIMAH & KESIL, Æquinoctia potius designet, quæ ipsis olim, tempore Jobis, proxima fuerint: *quoniam singulis centum annis movetur circulus Signorum ab Occasu in Ortum ferè sesquialternis gradibus.* Quod mihi verisimile videtur: quamvis motum præcessionis Æquinoctiorum nondum ita præcisè definitum esse sciam. *Est propè polum Australem stella quædam magna & rutila, quæ lingua Ismaëlitarum*

tarum vocatur SAHIL (Si Arabicam orthographiam spectemus, scribitur rectius *Suhilon*; estque, qui aliàs *Canopus* dicitur, in remo Navis) *& sunt stellæ minores ipsi vicinæ, quæ cernuntur aliquando, si quis proficiscatur versus Æquinoctialem*; at Septentrionales non vident ullam ex eis: *Propterea nominavit eas Scriptura* CHADER-THEMAM, *h.c. penetralia Austri.*

33. Nisi Arabicæ appellationes stellarum etiam in Latinis Autoribus prævulgatæ essent, potuissem recitatione illarum supersedere. Nunc autem, quando in tantum depravatæ sunt, ut vix amplius agnoscantur, visæ sunt meam quoque medelam desiderare: præ-

fersertim, postquam in hos, & consimiles usus, publico bono, novos nuper typos meâ manu paravi. Quid autem mirum, si in tàm profunda hujus linguæ ignorantia, quæ hactenus Europeos occupavit, scribantur perperam? cum nè nominibus quidem Autorum, librorumvè titulis sors melior contigerit. Ecce quomodo ex Græco ἵππαρχος, factū sit primò Arabicum *Ibbarchus* (duplici P. quod ipsis semper aspiratum est, in B. dagessatum converso) deinde, absentibus genuinis vocalibus, pravè lectum per *Abrachis*. Item ex inscriptione Ptolemaica Σύνταξις μεγίστη, præmisso articulo natum illud barbarum *Almagestū*, ipso penè sono tremendum!

dum! nihilo tamen propterea cunctantius hoc Augiæ stabulum subibo; modò ut Astronomorum hâc ratione gratiam inire queam; de quorum studiis vel sic benè mereri posse gaudeo. Animadvertat interim Lector, quomodo plerisq; Articulus AL (vel, pro consuetudine regionis, pronunciatus EL) aliquibus etiam voculæ RAS *caput*, CALB *cor*, DENEB *cauda* &c. præpositæ sint.

Abracheleus, compositum ex Arabico A*b* Pater, & Græco ἡρακλῆς Hercules, sic nominatur Castor, h. e. Geminorum inferior, vel ex eo simpliciter, altero puncto Jod amisso.

Afelar vel Aphellar, ex Græco Ἀπόλλων, quo nomine aliqui Pollulucem, h. e. Geminorum superiorem appellant, r. est ex imperfecto n. plus verò corrumpunt, qui *Anhelar* legunt.

Afeichus, depravatum ex Græco, ὀφιοῦχος. In hisce tribus absentia vocalium peperit tàm distortam lectionem.

Acharnar, pro Achiron-nahri, h. e. ultima fluvii, sc. Eridani, convenit cum Hebræo *Acharón-hannahár*.

Alacrab, vel cum ultima vocali (quæ tamen in translatis ferè semper omitti solet) Alacrabo, est Scorpius, & convenit cum Hebræo *Akrabh*. Malè quibusdam scribitur Alatrab.

Elarneb, vel Arabicâ terminatione Alarnebo, est Lepus, ex Hebræo *Arnabhat*.

Alefid,

Alesid, pejus Alezet, legendum Alasado: estque Leo.

Asida, fœmininum prioris, significat leænam, sed usurpatur in Globis pro Bestiâ Centauri vel Lupo: legiturque rectius Asedaton.

Azimech, Spica Virginis, lege cum aspiratione & per t. huzimethon, est enim à radice chazama, & significat manipulum vel fascem, scil. aristarum. Deterius alicubi scribitur Alzimon: & tribuitur comæ Berenices.

Aramech, potius cum solari r. duplicato, Arramicho; significat hastatum, notatque Bootem, vel ejus interceptum Arcturum. Oritur ex Hebræo *Romach*, lancea.

Be-

Beten Ketos, rectius Batnol-kitosi, hoc est venter Ceti, ex Hebræo *Batan*, & Græc. κῆτος.

Cheichius, ineptissimè pro Chiphus; quod manifestè ortum ex Κηφεὺς Cepheus.

Deneb elezid vel elasit : neutrum prorsus rectè, sed potius Dhanbol-asadi, hoc est, cauda Leonis. Ex Hebræo *Zanabh*, Zain pro more in Dhal punctatum sive blæsum converso.

Deneb adigegi, rectius Dhanbol-digageti, hoc est, cauda gallinæ. sic vocant Cygnum.

Deneb algedi, lege potius Dhanbol-gædii cauda capri vel Capricorni. ex Hebr. *Gedi*, Hœdus.

Deneb ketos, Dhanbol-kitosi, cauda Ceti, singulæ voces jam pridem sunt explicatæ.

Al-

Alderaimin, brachium dextrum, scilicet Cephei. Ex Hebræo, *Hazzedóa-hajemanith*, Zain rursus in Dhal converso. Legendum est Addherao-jaminon.

Aldebaram, lege Debiron, vel cum Articulo Abdebiru, ductor, qualis est *Alluph*, bos in suo grege. sic denominatur oculus Tauri.

Edeleu, verius Addelvvu, situla, scilicet Aquarii, qui & Hebræis est *Deli* ab hauriendo.

Dubhe, vel Dubon Ursus in gen. Masc. Et cum epithetis differentiæ causa: *Dubol-achbaro*, Ursus major.

Dubol-azgaro, Ursus minor, quasi *Dobh Hazzair*.

Enifalpheraz, lege Anipholphapharaſi, naſus èqui, ſcilicet Pegaſi. Ambo ſunt ex Hebræis; hoc ex *Paraſch*, eques : & illud ex *Aph*, Nun chaldæo more reducto.

Fontabant, vel *Fumahant* vel *Fomahaut* omnia praviſſimè: rectius verò Phomol-chuti, hoc eſt, os Piſcis ſcil. Notii. Eſt enim & Chaldæis *Pum*, os.

Geuze, vel cum articulo Algauza Nux, *Aezóz* Hebr. ſic nominantur tres parvulæ in capite Orionis, quia inſtar nucum in ludo puerili diſponuntur, wie ein Häufflein Nuß/ ∴. (vel Hebræum Sægolta. ∴) Unde & Latini *Iuglandem*, alii jugulam ſtellam vocant. Nonnullis putantur eſſe capita Geminorum, ſed perperam; habent

bent enim alias appellationes, quas supra jam adduxi.

Algebar, vel plenè Algebaro; Heros. *Igbbór* Hebr. cognomen Orionis.

Algedi, Algedio. Capricornus, ut supra.

Algethi, Algathio : procidens, hoc est, Hercules ἐγγόνασιν. Ideoque additur plerumque Alai rochbatihi super genua sua, *Al-Birchav*.

Algenib, Algænbo, latus scil. Persei. sine articulo quibusdam Chenib: aliis pejus etiam Cheleub, quasi canem notaret.

Algomeysa, Algomyso; Sycomorus, ficus silvestris. sic appellant Procyonem : nec scio quare. forsan quòd hanc arborem

rem ejus loco nonnulli pingant. Nisi quis potius Alchamyzo per Z scribere malit, quod tostum vel assatum significat, & in illius sideris æstum quadraret.

Algorab, plenius Algorabo, Corvus. *Orebh* Hebr. ab obscuro seu nigro colóre. Sed Arabicè punctatum Ain enunciatur duriusculè, ferè ut G. Inde est nostrum 𝔊rapp o𝔡𝔢𝔯 𝔑app.

Alhaiot, hircus, ex Hebræo *Attudim*, legatur plenè Alatudo.

Elhabor, major, subintellige *Kelbon*, canis, & lege Alachbaro.

Elhamel, Aries, convenit cum vernaculo 𝔋ammel: sed
pro-

Astroscopium.

nunciatur rectius Alchama-Jo.

Inkalurus, baculus Bootis, quòd olim esset ἐν τῷ κολύρῳ, hactenus verò Æquinoctii præcessione multùm inde remotus.

Aliemint, sive Aliamino, dexter. Sic etiam denominatur Sirius, vel Canis major, quia Meridionalis est respectu minoris. Nam Hebræis & Arabibus, qui vultu ad Orientem converso adorant, in dextra est Auster, Septentrio in sinistrâ.

Elketos, Cetus, κῆτος, ut supra.

Elkis, aliis Alches, & rursus aliis *Alhas*, rectius tamen Alkaso, Poculum, Crater. Oritur ex Hebræo *Kós*, quod notum est ex

D 2 vul-

vulgatâ chria R. Eleafari; quemlibet cognofci *Bakkís, Bakkós,Bakkáas*, ex loculis, poculis,& oculis.

Léfchat, Lafchaton, morfus vel aculeus Scorpii.

Markab, plenè Markabon: ephippium, Hebr. *Markabh*, ftragulum,cui inequitamus. fic illis vocatur ftella, quæ nobis eft in alâ Pegafi.

Marfic, Marfikon, axilla: in dextro Herculis cubito.

Mizan, Midfanon, bilanx ♎ Libra,ex Hebr.*Mozenáim*,quafi utrinque aurita.

Mirac,Mirar,Miraz, omnia corruptiffimè: rectius Mizar, vel nominativâ terminatione Mizaron, Cingulum fcil. Andromedæ.Hebr.*Azód*, præcinctorium.Mem eft fervile.

Men-

Menkar, Minquaron; mandibula, lucidior in ore Ceti; à radice *Nakár* rofit.

Mellef, Mallephon, conglomeratio. Nebulofum præfepe in Cancro, quia conſtat ex pluribus minutioribus. Etiam Chaldaicè *Lephaph*, involvere fonat.

Nahar, Naharon: Hebr. *Nahár* fluvius, Eridanus, aliàs etiam Gihon.

Alpheras, Alpharafo, equus, ſcil. alatus ille Pegaſus, ut fupra.

Alphecca, Alphakacho, flos apertus, ſic dicitur gemma Gnoſia in Septentrionali Coronâ: quæ ipſis eſt ſertum floridum, ſive corolla. Aliis ſcribitur *Alpheta*, quaſi non à *Pakách*, ſed cogna-

cognatâ radice *Pathach*, descenderet: quod sanè parùm refert.

Kalb alacrab, rectius Kalbolakrabi, cor Scorpii; Antares.

Calb elexid, melius Kalbolasadi, cor Leonis; Basiliscus vel Regulus.

Elkuschu, Alkavvso, arcus Sagittarii: non multum abest ab Hebræo *Kaschath*.

Ras algethi, Rasol-gathii, caput procumbentis, hoc est, Herculis. Quid subintelligatur, inquire supra.

Ras algol, Rasolguli, caput attenuationis. sic Medusæ vocatur, ob maciem; Exsugitur enim à spiris anguium, quibus obsitum est. Judæi appellant *Rosch-hallilith*, caput strigis, vel dæ-

dæmonissæ cujusdam Lilis, quæ quondam fuerit Adami concubina, nunc puerperis insidietur noctu, atque infantes excarnificet. Sic ab omnibus populis hoc sidus habetur pro infausto.

Ras taben, Rasotahbani, caput Draconis, à radice *Thaáf*, abominari.

Regel, Rigel, Riglon, pes scilicet Orionis sinister, ex Hebr. *Ragal*. Aliàs hæc vox absq; vocalibus scripta, etiam *Ragulon* legi potest, & sic Virum Arabicè, sive totum Orionem signaret.

Rukabah, vel cum articulo *Alrukabah*; rectius tamen Arrucabatho: currus vel plaustrum. Hebr. *Richbáh*: sic non tàm Ursa minor tota, quàm extrema ejus stella, quæ Polaris est, κατ' ἐξοχὴν vocatur. Nautis familiarissima: Italis verò, quibus trans Alpes cernitur, La Tramontana dicta.

Alsartan, Assartano, Cancer, & Judæis, *Sartán*.

Asugia, Asschagio, audax, furibundus: Cognomentum Orionis. à radice *Schagá* Hebr. insanivit. Perperam ab aliquibus Hydræ tribuitur.

Scheat alferaz, Saidol-pharasi, brachium equi. stella, qnæ est in eductione cruris Pegasei. Sic & Aquarius habet suum *Scheat*, rectius Saidon, h. e. crus, à radice *Saád*, h. e. fulciendo, sic dictum.

Atanin, Attanino, quibusdam

dam est Draco; ut conveniat cum Hebræo *Hattannin.*

Attair, Attayro avis: sed hîc in specie Aquila.

Altaur, Attayro, Taurus, ex Hebr. *Schór.* Schin (ut apud multas gentes, & inferiores quoque Germanos solet) in Tav blæsum mutato; unde etiam Chald. & Syrum *Thór,* item Græcum ταῦρﻉ, & Latinum Taurus, manifestè descendunt. Hinc porrò derivantur

Attoraia, quæ sunt Hyades, quasi Taurinæ. Quibus hunc Catalogum obsigno.

Superest, ut in specie de hujus Astroscopii ratione & usu aliquid adjiciam. Quoniã igitur, ut in præfatione monui, Globi ad id officiũ, quo fungi maximè debuissent, inepti sunt, cogitarunt jam olim, diversis temporibus, prudentes & rerum Astronomicarum periti artifices, an ullâ commodiori ratione aliâ huic negocio subveniri possit, atque varios modos sunt commenti. Quidam Astrolabio rem expedire conabantur: at & hoc convexo, non cavo cœlo, congruebat. Præterea imagines, in medio nimis arctatæ, circa extremitates enormiter distorquebantur. Alii particularibus Schematismis doce-

re

re stellas aggressi sunt; & quod in tantæ dignitatis fastigio summè mireris, ipsi Cæsares: nominatim Germanicus, Augusti, per adoptationem, nepos. Verùm Imagines ejus, quas nuper Hugo Grotius ex antiquissimo MSto edidit, atque æri elegantissimè alioquin incidi curavit, adeò depravatæ sunt, adeò (ut ipsemet fatetur) toto Cœlo aberrant, nec ut Germanici genuinas esse credam, quæ ab ipsius versibus tantoperè discrepant; nec videam, cur has ineptias non æternùm abolere potius, quàm magno sumtu publicare, maluerit, vir cætera doctissimus. Multò cautius nostrâ ætate stellas disposuit Joh. Bayerus in suâ Uranometriâ,

ope-

opere quidem diligentissimo, cùm figurarum apparatu, tùm multitudine stellarum ornatissimo: at in quo id meritò desiderem, & ante me pridem alii culparunt, quòd imagines astris perperàm circumpictæ, & plerumq; dextra sinistris permutata sunt; unde plurima in earum denominationibus confusio est oborta. Nempè non superficialiter tantùm eas invertere debuisset, quales repræsentat aversa papyrus, oleo peruncta, vel quodvis speculum: sed corporaliter; ut quæ in convexo globo dorsum spectantibus objiciunt, hîc in cavâ descriptione faciem nobis obvertant. Sic aptius congrueret situs cum denominatione Ptolelemaicâ, & liber ampliori foret usui. Proinde cœpi & ego novissimè vires meas experiri, an ad stellarum notitiam adjumenti quid afferre valeam, nec reperi post cavum Globum, quod studiosos faciliùs eò, manu quasi, deducere queat, quã hoc ipsum Astroscopium, in cujus unâ facie medietas cœli Septentrionalis simplicissimè, & ita depicta est, ut qui solum Plaustrum noverit (quod à quovis rustico discere potest) reliquas omnes, suâ serie dispositas, confestim reperiat, suaq; sponte, nullo negocio agnoscat. In alterâ, præter Austrinam cœli medietatem (qua quidem nobis est conspicua) cernitur etjam Rete quoddam orbiculare,

vel

vel cancelli circa Eclipticam, qui statim ex configuratione cū vicinis Fixis monstrant, quo signo vel gradu, visus aliquis Planetes hæreat, & ita nudo aspectu id docent, quod aliàs operosis organis observatores laboriosè venantur. Oportet ergò Planetas à Fixis probè discernere. Id quoniam inassuetis difficile est, en trado eis simplices hasce Regulas diacriticas. FIXÆ 1. retinent eadē semper interstitia. 2. Ferè omnes scintillant, secundū plūs tamen vel minus. 3. dispersæ sunt passim in toto cœlo. PLANETÆ contra 1. situs & configurationes suas ad vicinas citò mutant, uni accedendo, recedendo ab altera; quod ex collatione diversarum noctium facilè de-

Astroscopium.

deprehenditur. 2. habent tranquillum lumen, conſtans, nec tremulum, niſi rarò. 3. nunquam egrediuntur hoſce cancellos, aut latius divagantur ab Ecliptica. Ideò ſemper & tantùm propè illam quærendi ſunt. Ut autem & à ſe invicem dignoſcas, ſic habeto. Numerantur in univerſum ſeptē; inter eos ☉ & ☽, quos jam ante noſti. relinquuntur ergo quinque dijudicandi. Horum minimus ☿ Soli ſemper adeò propinquus eſt, ut aut ſub ejus nimio ſplendore prorſus lateat abſconditus, aut, ſi paululū inde diſcedat, tyronibus tamen, ob exilitatem, vix obſervabilis ſit. Altera ♀ etſi paulò longius à Sole recedat, nunquam tamen

men ei opponitur, sed semper, aut vesperi apparet in plaga Occidentali, aut in Orientali manè : ac utrobique aureolis radiis facilè agnoscitur. Reliquorum trium ruberrimus est ♂, splendidissimus verò ♃, pallidissimus denique ♄.

✤✤✤✤✤✤✤ ✤✤✤✤✤✤

Redeo ad Fixas, quas Astroscopium agnoscere principaliter docet. Illarum præcipuas tantùm posui, minutioribus neglectis : & Antarcticas quoque omisi. Quorsum enim inconspicuis fatigaremur ? Nec eas tantùm, quæ totæ nobis occultantur, sed & quæ ex parte maxima, ut Argo. Nam sufficit cæteras internovisse, eoque
fir-

firmius memoria tenere. In picturis nullū adhibui ornatū, hoc unicè dans operam, ut stellæ quàm evidentissimè, negligentius verò imagines, apparerent: & vicissim cavens maximè, nè artem alieno loco intempestivè ostentarem ; quod alii, exigua cum utilitáte, factitarunt. Vulgus sanè admiratur eos tantùm Globos, qui pulchrè ad voluptatem picti sunt: ego autem odi in hoc negocio umbrarum caligines, & multò pejus incrustationes colorum, quibus principale objectum, scil. stellæ, obnubilantur, & amo hic exilia potius simulachrorum lineamenta. Ut itaque nudissimo isthoc Astroscopio feliciter utaris, conglutina binas ejus

ejus paginas ita, ut recta linea, quæ Solistitii Colurum repræsentat, utrinq; congruat: mox, ubi exsiccatæ fuerint, cultello ad centrum usque aperi: sic paratum erit organon. Postea in formam aromatarii cululli leviter convolve, & umbone suo contra Polum dirige. Huius situm si adhuc nescis, adi sciotericon aliquod, id tibi gnomone suo axem mundi indicabit: vel consule Compassum, qui similiter ductu fili Polum monstrabit. Aut si Meridianam cœli faciem contemplaturus es, è Calendario quære locum ☽, illiusque gradum in Reti repertum ita tene, ut vero corpori Lunari ad amussim correspondeat, sic & cætera rite locata erunt. Si jam

jam aliquas infigniores ftellas agnovifti, venare reliquas imaginatione triangulorum, characterum, literarum, vel quacunque ratione alia potes. Sed finis chartæ conjicit me de pluribus dicturum, eas in anguftias, ut immaturius abrumpere cogar. Quæ ergò de Horæ nocturnæ facili cognitione, & confimilibus materiis fuperfunt, ea in commodiorem locum refervo. Hîc nunc efto

F I N I S.

Auctarium
ASTROSCOPII
SCHICKARDIANI,
Novo habitu in publicum prodeuntis.

DOlendum sanè, & imis sensibus dolendum, nobilissimam *Matheseos* Scientiam, *UranoScopiam, Helenam* illam ad invidiam usque pulchram, antiquitus tanto studio excultam, tanto in pretio habitam, tàm raros hodiè invenire procos, multis quoque *pro vili, sub pedibusque jacere*, atque etiam curiositatis damnatam jacere, ab iis, qui emunctioris esse naris videri volunt. Augetur dolor seculi, cæteroquin literati, *torpore*, quem tanta *Instrumentorum* facilitas & felicitas excutere non potest. Sanabit dubio procul & justum animi *mærorem* nostrum, & inertem Mundi senescentis *torporem*, Nova isthæc *Astroscopii Schickardiani*, ad cognitionem stellarum apprimè commodi, Editio, hisce *augmentis* donata, & locupletata.

1. *Artificum* quidem modernorum Industria, in minutiis elegantiarum potius occupatur, quàm magnis structuris. Quia verò *Instrumenta* Astronomica, ob immensam Cœlorum quantitatem, quò majora sunt, eò meliora: ideoque in Theatrum Orbis literati producimus A-
stro-

ſtroſcopium Schickardi, multò majori formâ adornatum, ut oculis caligantibus ſubveniamus, multorum deſiderio ſatisfaciamus, ipſamque mentem Autoris prolixius exponamus.

2. Prodit hoc *Aſtroſcopium* ſtellarum cumulo, & *numero,* in plagâ quidem *Septentrionali* XXXVI. *in Zodiaco verò* XLIII. In plagâ denique *Meridionali* XXVII. ſummatim CVI. auctius, quas ex obſervationibus quotidianis ſubindè locupletare, cuivis fuerit in proclivi.

3. Damus inſuper *Aſteriſmos Tres*, recenter ab Artificibus inventos; *Unicornu* XVII. *Gallum* IIX. *& Gruem* VII. Stellis, omnes in plagâ *Auſtrali* micantes.

4. Ad-

4. Adjunximus *Stellas novas*, ultimis hisce temporibus non sine stupore in Cœlo visas; videlicet. 1. Portentosam illam Anno 1572. in signo *Cassiopeæ*, nostræ *Bathsebæ*, exortam. 2. Novam in pede *Serpentarii*, nostri *Pauli* 1604. fulgentem. 3. Prodigiosam in pectore *Cygni*, nobis propè *Caput Christi* nostri crucifixi, hærentem, An. 1600. primitus visam, & hoc tempore, salvis oculis acutioribus, nobis vix amplius observabilem. Et denique 4. *Cometam*, præsagum illum totius Germaniæ πανολεθρίασ anteambulonem, qui Anno Christi 1618. mole quidem corporis non admodum vastâ, sed *cauda prælongâ*, magnum Cœli tractum occupans.

pans, se nobis conspiciendum præbuit.

5. Omnes & singulas stellas Sphæræ octavæ, quam Astroscopio hoc adumbramus, præter gyrum diurnum, quem intra 24. horarum spatium, circa Polos *Æquinoctialis*, rapidissimo cursu absolvunt, peculiari etiam, eoque lentissimo motu, secundum Polos *Eclipticæ* ferri, & singulis Annis LXX. circiter uno gradu à punctis Æquinoctiorū recedere, ideoque sedes antiquas immutasse, etiam tyronibus innotuit; sciant itaque *Astrophili*, nos præsentem stellarum metriam, quantum per chartarum angustiam licuit, ad rationem hujus temporis accommodasse, & singu-

Aſtroſcopium. 97

ſingulas *ſtellas* uno fermè gradu *Orientaliores* poſuiſſe.

6. *Magnitudines* inſuper ſtellarum, quas *Aſtroſcopii Schikardiani* exilitas adeò evidenter ob oculos ponere non potuit, in VII. *Claſſes* diſtributas (ſeptimam autem Claſſem conſtituunt *Nebuloſæ*) ex Catalogo *Tychoniano*, *Kepleriano* & *Argoliano*, haud indiligenter expreſſimus, quas Tabella magnitudinum, plagæ *Boreali* affixa, ſubminiſtrabit.

7. Diſtribuimus præterea univerſum Aſtroſcopiū in XII. *Domos* & *Regiones* Cœleſtes, *Dodecatemoria* antiquitus appellatas, *Signis* ſuis imaginariis, & *Lineis* ſubtiliſſimis expreſſas, quas ſi penitius obſervaverit

E *Aſtro-*

Astrophilus, à Polo Septentrionali, per Zodiacum, ad Polum Meridionalem ductas, & cuilibet Regioni *Asterismos* suos, & Imagines assignaverit, binas hasce Tabulas collaterales facilimè combinabit, in hoc negotio pensum suum absolvet ad votum, tribusque concatenatis *noctibus*, quod sanctè pollicemur, ex *concavo* hoc Astroscopio, in Stellarum cognitione plus proficiet, quàm alii indefessis *trium Mensium* vigiliis, ex Globo *convexo*, hactenus assequi vix potuerunt.

8. Zodiaci quoque Gradus *Longitudinis* CCCLX. & *Latitudinis* XVI. gradus posuimus, additis Dodecatemoriorum segmentis; Monet tamen *Andreas Argo-*

Argolus, Patavinus Mathematicus, *lib.1. Ephemerid. cap. 21. Latitudinem* Veneris hodiè plus grad. 9. exiftere, ideoque Zodiacum *grad. 20. latum* effe debere.

9. Omnes *Afterifmos Nominibus Novis*, maximam partem *Sacris*, profanis Gentilium fubordinatis, piè infignivimus.

In *Zodiaco: Aries*, nobis eft cum Schickardo, Sacer ille *Abrahæ*, Ifaaci loco mactatus: *Genef. 22. verf. 13. Taurus* Ifraëlitarum *Sacrificialis*: *Levitic. 1. v. 3. Gemini, Jacob & Efau*. Fratres Uterini *Gen. 25. v. 25. Cancer*, Mysticus ille *Militis* Chriftiani, *Eph. 6. 14. Leo*, de tribu *Iuda. Apoc. 5. 5. Virgo, Maria* Semper-*Virgo*: *Luc. 1. v. 28. Libra*, quâ Jehovah examinavit *Belsazar*: *Dan. 5. 27.* *Scorpius*, cujus morsus & ictus senserunt in deserto *Israëlitæ*: *Deut. 8. v. 15.* vel quem *Rehabeam* Rex subditis fuit interminatus: *1. Reg. 12. v. 11. Sagittarius*, *Ismaël* tela exercens *Gen. 21. v. 20. Capricornus*, Hircus *Asasel*, sive Emissarius: *Lev. 16. v. 8. Aquarius*, *Naëman* aquis immersus Jordanæis. *2. Reg. 5. v. 14. Pisces duo Christi*, quibus quinque virorum millia miraculosè cibavit: *Ioh. 6. v. 9.*

In plaga Boreali, binæ Gentilium *Ursæ*, sunt nobis Christianis, illi duo Ursi lacerantes quadraginta duos pueros Empectæ *Elisæ*, *2. Reg. 2. v. 24. Ursa major*, ignei currus vicem sustinet, quô in Cœlestem Patriam *Elias* miraculosè reportatus est:
2. Reg.

2. Reg. 2. v. 11. *Minor* verò *Ursa*, *Iacobi* Patriarchæ plauſtrum refert, quo citato curru Ægyptũ petiit: *Geneſ.* 45. 27. *c.* 46. 29. Terribili ſpecie tortuque *Draco, vel Infernalis* Draconis vaſtam & tortuoſam imaginem; *Apoc.* 12. v. 3. 9. vel Draconis *Beli* immanem rictum & hiatum refert: Fragm. *Dan.* 14. v. 22. Stellatus *Cepheus*, Rex Æthiopum, aurea *Salomonis* ſceptra nobis in memoriam revocat, cujus magnificentiam Æthiopum Regina attonitè demirabatur: 1. *Reg.* 1. v. 39. c. 10. 1. Rigidus & nigricans *Bootes*, robuſtum Venatorem *Nimrodum* nobis ſuggerit, qui ſcelerata ſpicula in imbellem Auroræ Cervam (quæ eſt Chriſtus) contorquet: *Gen.* 10. v. 9.

v.9. Pf. 22. v. 1. illamque Molosso suo, Arcturo, persequitur: *Iob.* 9. v. 9. Binis hisce ἀμόρφοις olim, hanc dare formam placuit. Berenices Capillum, Conon Mathematicus, in gratiam mariti, in sidera retulit, qui formosam *Absolonis* comam nobis effingit : 2. *Sam.* 14. v. 26. Fulgida Cœli Corona, Regis Ahasveri, vel Xerxis, Coronam splendentem adumbrat, quam adamatæ suæ conjugi, Estheræ, imposuit: *Esther.* 2. v. 17. *Hercules*, ille magnus ferarum domitor, nobis intrepidum *Samsonem* exprimit, qui magnis ausis inclytus, Leonis pectora gessit: *Iud.* 14. v. 6. c. 15. 15. *Cadens vultur*, illius vetiti vulturis memoriam nobis reducit, cujus mentio extat *Levit.* 11. v. 14.

Astroscopium.

v. 14. in istius pectore *Apollinis Lyra* promicat, quæ *Davidis* canoræ *Lyræ* assonat, cujus etiam percussione Melancholicum spiritum à Saule expulit: *1. Sam.* 16. *v.* 23. *2. Sam.* 6. *v.* 5. *Cygnus* posset vocari olor *Hussi,* qui ad rogum ductus augurabat: Post centum annos veniet Cygnus, quem assare non poteritis: vel ille *Mosaicus: Levit.* 11. 17. Radiosa *Cassiopea,* nobis *Bathsebam* ponit ob oculos, magnificè in Regia sella constitutam, Filio Salomoni lat⁹ claudens: *1. Reg.* 2. *v.* 19. *Perseus* Medusam harpe suâ occidens, & Andromedam liberans, *Davidem* Heroem notat, qui fulgenti gladio immanem Goliathum decollavit, illiusque caput, omnibus Israëlitis oſtentui dedit: 1. *Sam.* 17. *v.* 51. *Auriga*, *vel Erichthonius*; Patriarchæ *Iacobi* imaginem exprimit: *Gen.* 30. *v.* 36. apparent ibi bini Jacobi *Hædi*, quorum pelliculis indutus Benedictionem à Patre obtinuit: *Gen.* 27. *v.* 16. Ethnicorum *Serpentarius*, divum Apoſtolum *Paulum* producit, cui minacis viperæ aſſultus in Melitâ nihil nocuit: *Act.* 28. *v.* 9. *Aquila Imperii Romani* Symbolum, vel etiam *Chriſti* Typus eſt: *Ezech.* 1. *Sagitta Ionathæ* Telum repræſentat, fidei amici augurium. 1. *Sam.* 20. *v.* 36. *Ganymedes*, ſervulus eſt, ſagittas Jonathæ colligens: 1. *Sam.* 20. *v.* 35. *Pegaſus*, cum pernicibus ſuis alis, *Babyloniorum* alatos equos nobis oſtendit, quos *Ierem.* *c.* 4.

Astroscopium. 105

c.4.v.13. velociores aquilis Judeæ minatur. *Equuleus* nobis historiam Regis *Joas* insinuat, qui septennis, equuleo invectᵘˢ, Regni habenas suscepit: 2. *Reg.* 11. v.16. vel *Christi* Asinam, quâ Hierosolymam est ingressus: *Joh.*12. v.15. *Andromeda* sustinet *Abigaëlis* imaginem, quæ Amalecitarum vinculis captiva ducebatur:1.*Sam.*30.*vers.*5. per *Delphinum* intelligimus curvos Delphinos, quos Regius Psaltes, *Ps.* 104.v.26. in mari ludere dicit. *Triangulum SS. Trinitatis* Typum gerit: *Matth.*3.v.17. *Apis* illa Hymetti populatrix, & mellifera, cujus laudes memorat *Sir.* c.11.v.3.

In *plaga Australi*, nobis *Cetus* est Jonam degluticns, & revomens: *Ion.*2,1.

Eridanus

Eridanus Jordanes, mirandum, & à Deo imperatum, exercitui Ifraëlitarũ tranſitum indulgens: *Ioſ.* 3. *v.* 14. *Lepus* ille Leviticus: *c.* 11. *v.* 6. à cujus carne abſtinere debuit populus Dei. *Orion* Joſua, Dux Ifraëlis Magnanimus: *c.* 1. *v.* 1. *Sirius,* immanis ille Moloſſus, qui cum ſociis ſuis crudeliſſimæ Jezabelis carnibus ventrem ſuum iratum placavit: 2 *Reg.* 9. *v.* 10, 35, 36. *Procyon* Canis, mollibus luſitans blanditiis: *Tob.* 11. *v.* 9. *Hydra, Serpens aneus,* Typus *Chriſti* in Crucem ſublati: *Num.* 21. *v.* 9. *Crater, vel Ioſephi* præſagiis clarus: *Gen.* 44, 5. vel Sacræ *Synaxi* deſtinatus. *Matth.* 26. *v.* 27. *Corvus,* ſive eligas illum *Noachi,* ex Arcâ avolantem: *Gen.* 8. *v.* 7. ſive illum *Eliæ,* divini vatis famem pane & carnibus ſolantem: 1. *Reg* 17. *v.* 6. *Corona* illa gemmifera, Regium & victorioſum *Davidis* caput non tàm exornans, quàm aggravans: 2. *Sam.* 12. *v.* 30. *Piſcis Notius,* cum lucidâ ſuâ *Fomahant,* nobis Piſcis, *Staterem* in ore ferens, non ſine

sine miraculo ad occultum *Petri* hamum decurrens: *Matth. 17. versu ult.* *Gruem* nos appellamus, sagacem illum temporis observatorem. *Ierem.* 8 *v.* 7. *Unicoru* Mosaicum, robur tribus *Iosephi* præsagiens: *Deut.* 33. *v.* 17 *Gallum*, *Petri* labentis monitorem: *Matth.* 26. *v.* 75.

10. Nova quædam nomina, *Novas* etiam *Imagines* quasdam postulabant, quibus cumprimis plaga *Borealis* est condecorata. Vides ibi *Davidem de Goliatho* triumphantem; & *Abigail*, uxorem ejus, catenis *Amalecitarum* alligatam; ut & *Salomonem* Regio ornatu munitum; & *Bathsebam*, Matrem ipsius, in Throno Regali, *Diademate* coruscantem, & *Palmâ* pacem imperantem. Hanc enim *Familiam Sacram* Davidis, & Abigail, Bathsebæ & Salomonis, isti *profanæ*, Persei & Andromedæ, Cephei & Cassiopeæ, *substituere placuit*. Vides ibi *Nimrodum*, utpote *Venatorem*, Venabulo,
Cane

Cane venatico, *Cerva*, & simul *Monarcham* Diademate superbientem; *Iacobum* Patriarcham, vestibus pastoralibus indutum; *Simsonem* maxillâ, sago & sceptro militari, vim hostibus minitantem. Vides ibi *Typum S.S. Triunitatis*, cui accedit *quarta Stellula*, quæ *Humanam* quoque Christi *Naturam* in Consortium ejus assumtam, admodum concinnè repræsentat: nec non in Cygno *Crucem Salvatoris: ut Memoria Crucifixi in te quotidiè crucifigat omne vitium.* Vides ibi *Iacobum* in Ægyptum, *Eliam* in Cœlum, ambos citis *quadrigis* tendentes; *Paulum* amictu Apostolico velatum, & denique *Ganymedem*, habitu servili ad imperia Heri sui paratum. Imagines suas Schickardus negligentius figuravit, nè loco alieno artem ostentaret, nos, uti speramus, diligentius, eò tamen utrinq; collimantes unicè, ut stellæ evidentius prælucerent, & acres oculorum obtutus penetralius ferirent. Ver-

Versus Mnemonici

pag. 33. allegati
Quibus Asterismi Veterum
includuntur.

I. Stellæ Boreales.

AD *Boreæ partes ter septem Si-*
dera cernes:

Ursa Minor: Major: a *Custos: Dra-*
co: b *Gemma:* c *Genuque*

Prolapsus: Lyra: Olor: Cepheus: &
Cassiopea:

Perseus: Andromede: e *Deltotum:*
f *Auriga:* g *Caballus.*

h *Rictus Equi: Delphin:* i *Telum:*
hinc k *Aquila:* l *Anguifer;*
m *Anguis.*

F a Arcto-

a Arctophylax sive Bootes.
b Corona Borealis.
c Hercules ὁ ἐν γόνασιν.
d Vultur cadens.
e Triangulum.
f Heniochus.
g Pegasus.
h Equuleus.
i Sagitta.
k Vultur volans.
l Serpentarius vel Ophiuchus.
m Serpens Ophiuchi.

II. Australes.

Post ter quinque tibi Signa hæc ver-
 tuntur in Austrum.

Cetus: & a Eridanus : Lepus : &
 nimbosus Orion :
b *Sirius :* c & *Procyon : Argo, Ratis :*
 Hydraque : Crater :
Corvus : Centaurus : Lupus : d *Ara :*
 e *Coronaq̃ :* f *Piscis.*

a *Flu-*

a Fluvius.
b Canis Major.
c Canis Minor.
d Thuribulum.
e Corona Australis.
f Piscis Austrinus.

III. Intermediæ in Circulo Zodiaco, vel signifero.

Signifer inde subest, bis sex qui Sidera torquet:
Suntq́; Aries: Taurus: Gemini: Cancer: Leo: Virgo:
Libraq́;: Scorpius: à Arcitenens:
b Caper: c Amphora: Pisces.
a *Sagittarius.* b *Capricornus.* c *Aquarius.*

Asterismi recentiores in cœlo Australi, à nobis non visi.

Phœnix: Grus: Indus: Xiphias: Pavo: Anser & Hydrus:
Passer;

*Passer: Apus: Triquetrum:
Musca: Chamæleon.*

Sed nunc manum de Tabula!
Qui negat esse DEUM cœli
mox sidera spectet,
Sidera qui spectat, non negat
esse Deum.

FINIS.

www.ingramcontent.com/pod-product-compliance
Lightning Source LLC
Chambersburg PA
CBHW021918180426
43199CB00032B/434